MEJORANDO EL DESEMPEÑO DE MIS TRABAJADORES

Oportunidades para calidad y procesos

Luis Enrique Díaz H.

CONTENIDO

Prefacio 2
Introducción 3
Mis trabajadores no cumplen indicaciones 4
No conozco los resultados de mis trabajadores 22
Mis trabajadores discuten con mis clientes 41
Los siguientes pasos 54

PREFACIO

Los trabajadores representan un activo esencial para las empresas; por ello es necesario brindarles los elementos suficientes para que obtengan buenos resultados y resuelvan las situaciones adversas que se les presenten.

Es necesario entender que cada caso es único y no existe una solución que aplique para todos y cada uno de ellos; sin embargo, vale la pena considerar las estrategias que la Ingeniería de la Calidad y Procesos ha usado para fortalecer el desempeño de los trabajadores.

Los problemas que enfrentan las empresas merecen ser atendidos, recurriendo a las mejores alternativas disponibles. En este material busco poner a su alcance algunas opciones para enfrentar problemas reales, todo esto, basado en las herramientas de Ingeniería de la Calidad que han sido aplicadas exitosamente.

INTRODUCCIÓN

En este libro se abordan tres escenarios particulares que las empresas enfrentan con cierta frecuencia:
- Trabajadores que no cumplen indicaciones.
- Desconocimiento de los resultados de trabajadores.
- Trabajadores que entran en discusiones con los clientes.

Para cada problema se abordarán algunas condiciones que pueden estar relacionadas estrechamente relacionadas con él; también se plantearán estrategias que sirven de referencia para implementar una solución. Es necesario recordar que, en la búsqueda de soluciones exitosas, cada empresa debe experimentar con estrategias y realizar los cambios que se ajusten a sus condiciones y necesidades particulares. La construcción de soluciones siempre implica prueba y error; con el cual se genera conocimiento y progreso.

MIS TRABAJADORES NO CUMPLEN INDICACIONES

Los trabajadores de las empresas son uno de los recursos más importantes. Su participación es indispensable para alcanzar resultados, elaborar productos y brindar servicios. Además, los trabajadores consiguen beneficios y satisfacción con su participación en la empresa.

La capacidad de los trabajadores para cumplir las expectativas de su trabajo es fuertemente afectada por las estructuras que le apoyan en sus actividades. Existen 3 condiciones que pueden disminuir la capacidad de los trabajadores para realizar el trabajo que se les ha solicitado:
- Falta de claridad en el resultado esperado.
- Ausencia de fórmulas de trabajo.
- Obstáculos en el trabajo.

A continuación se abordan con mayor detalle las tres condiciones señaladas.

Falta de claridad en el resultado esperado

La falta de claridad en los resultados esperados dificultará que los trabajadores realicen exitosamente las tareas que les corresponden. En muchas ocasiones una tarea es solicitada solo enunciando su nombre, careciendo de detalles que permitan un mismo entendimiento entre quienes la realizan y quienes la solicitan.

Los resultados esperados de las tareas deben ser definidos considerando detalles que permitan a todos entenderlos de la misma forma. Este mismo entendimiento generará diversos beneficios para todos los involucrados en la tarea:
- Quienes realizan la tarea cuentan con la seguridad de conocer los resultados que deben entregar con su trabajo.
- Quienes solicitan y dirigen las tareas pueden recibir apoyo cuando comunican con precisión lo que desean.

La claridad de los resultados esperados se consigue definiendo las características específicas que estos deben contener. Algunas características de los resultados son las siguientes:
- Cumplimiento con fechas y horarios.
- Propiedades físicas, dimensiones y peso.
- Contenido de datos, información y conocimientos.
- Participación de personas específicas.
- Contenido de materias primas especiales.

- Condiciones que se pueden apreciar visualmente, aspecto físico y parámetros de estética.
- Propiedades que se pueden percibir a través de los sentidos: sonidos, sabor, olor, color y texturas.
- Utilidad y durabilidad.

La claridad en los resultados esperados brinda un mayor entendimiento a los trabajadores; esto se debe al conocimiento de las expectativas sobre su trabajo antes de empezar a realizarlo. Este conocimiento de las expectativas de su trabajo, les permite identificar condiciones que afectan la posibilidad de cumplir con lo esperado; a continuación se muestran algunos ejemplos de dichas condiciones:

- Ausencia de capacidades o facultades del personal para cumplir el resultado esperado.
- Obstáculos que impiden la obtención del resultado señalado.
- Riesgos para clientes y trabajadores derivados de las características que se esperan en el resultado.

La claridad del resultado esperado tiene una gran importancia, debido al entendimiento que brinda a los trabajadores. Esta importancia justifica el empleo de elementos de comunicación; dichos elementos de comunicación tienen la capacidad de plasmar las características que se esperan en los resultados, brindando a los trabajadores una referencia permanente de aquello que deben entregar. Los elementos de comunicación integran contenido y lo presentan en formatos que enriquecen el entendimiento de los resultados esperados; a continuación se listan algunos elementos de

comunicación, los cuales pueden expresar las características de los resultados deseados:
- Dibujos e ilustraciones.
- Fichas técnicas con parámetros de medición y magnitudes.
- Formatos y formularios con datos que deben ser completados.
- Calendarios con fechas relevantes.
- Documentos y textos con explicaciones.

Los productos y servicios de las empresas son la consecuencia directa de la ejecución de actividades y de la aplicación de recursos, esto los convierte en parte de las expectativas que los miembros de la organización deben cumplir con su trabajo. Por lo anterior, los productos y servicios también deben ser definidos con precisión, incluyendo las características que les permiten ser considerados satisfactorios.

Las definiciones claras de resultados, productos y servicios permitirán que todos los trabajadores entiendan los parámetros que deben cumplir con su trabajo. Por otro lado, la ausencia de claridad en los productos que deben elaborar y los servicios que deben brindar, provocará que cada trabajador intente cumplir con sus propios parámetros; esos parámetros individuales se basan en elementos personales como experiencia, formación, habilidades y carácter. Aunque todos los trabajadores definan parámetros similares, no serán idénticos; esto provocará que existan diferencias significativas entre los resultados, productos y servicios de la empresa; impidiendo que las expectativas se cumplan de forma constante.

El diseño de productos y servicios es un elemento importante para entender sus características con claridad; los diseños expresan una idea de tal forma que todos la pueden entender exactamente igual. Los diseños de productos y servicios permitirán que el personal conozcan lo que deben entregar, de esta forma podrán encausar mejor su trabajo para cumplir con las expectativas correspondientes. La diversidad de productos y servicios de cada empresa justifica que se usen herramientas de diseño diferentes; todas ellas con formatos y contenidos que permitan un entendimiento pleno.

Algunos ejemplos de herramientas de diseño para entender las características de productos y servicios son las siguientes:

Herramientas de diseño	Características de productos y servicios
Cronogramas, calendarios de trabajo	Fechas relevantes, intervalos de tiempo, periodos de duración
Planos, diagramas, gráficos, dibujos	Propiedades que se pueden apreciar visualmente, aspecto físico, parámetros de estética
Fichas técnicas	Propiedades físicas y de desempeño
Simulaciones	Durabilidad, facilidad de uso, utilidad
Formatos y formularios	Datos e información específica

La estrategia para brindar claridad en los resultados esperados debe definir las características relevantes que se deben cumplir en cada uno de ellos (incluyendo productos y servicios). Además debe apoyarse en medios de información que fomenten un entendimiento común de las ideas. También requiere la participación de diversos actores relacionados con los resultados: quienes entregan los resultados, quienes los solicitan y quienes los dirigen. Una estrategia de este tipo puede desarrollarse con un Diccionario de Resultados, Productos y Servicios; los siguientes puntos se pueden considerar en el diccionario:

1. Determinar los resultados (incluyendo productos y servicios) que formarán parte del diccionario. La organización tiene la opción de incluir todos sus resultados en el diccionario; sin embargo, también tiene la alternativa de considerar solo aquellos que tengan la mayor importancia. Incluir una menor cantidad de elementos en el Diccionario puede facilitar su manejo y entendimiento. La importancia de los resultados debe basarse en factores relevantes para la empresa; algunos posibles factores son:
   - El volumen de resultados.
   - Los costos y el consumo de recursos.
   - La cantidad de defectos y quejas.
   - El número de trabajadores relacionados con el resultado, producto o servicio.

2. Establecer las características esperadas para cada uno de los resultados incluidos en el Diccionario. Estas características deben plasmarse usando recursos de comunicación que permitan su entendimiento con la mayor claridad; en el caso de productos y servicios se pueden usar materiales y documentos usados en su diseño. Al concluir este punto

todos los resultados del Diccionario (incluyendo productos y servicios) deben contar con recursos que plasmen sus características con claridad.
3. Identificar los trabajadores de la empresa que participan en la generación de los resultados incluidos en el Diccionario. Revisar con ellos las características establecidas para los resultados que les corresponden. Como resultado de las revisiones se debe cubrir los siguientes puntos:
    - Alcanzar un mismo entendimiento sobre resultados incluidos en el Diccionario; resolviendo cualquier duda, desacuerdo o confusión.
    - Determinar la viabilidad de los resultados establecidos y tomar medidas para apoyar a los trabajadores en su cumplimiento.
4. Publicar una versión final del Diccionario, en la cual deben solucionarse todas las observaciones registradas en la revisión. Informar a los trabajadores sobre la existencia del Diccionario, conducir sesiones para familiarizarlos con su contenido y con las definiciones de resultados que les corresponden.
5. Brindar a los miembros de la organización acceso permanente para consultar el Diccionario y aclarar cualquier duda o confusión. La empresa debe determinar el formato y las condiciones que permitan a sus trabajadores contar con el Diccionario y aprovechar su contenido siempre que lo necesiten.
6. Establecer la mecánica apropiada para la revisión del Diccionario. La empresa debe determinar acciones orientadas a mantener el Diccionario como una herramienta útil para la organización; por lo anterior es necesario revisar su contenido, evaluar su funcionamiento y realizar cualquier modificación que brinde el mayor entendimiento posible de

los resultados esperados (incluyendo productos y servicios). A continuación se listan algunos elementos que se pueden considerar en la revisión:
- Participantes en la revisión
- Periodos de tiempo para las actividades de revisión
- Retroalimentación, comentarios e incidentes relacionados con el Diccionario

Las tareas asignadas a los trabajadores deben incluir una idea clara de los resultados esperados y sus características; esto tiene el propósito de brindarles entendimiento y referencias útiles para el cumplimiento satisfactorio de las expectativas. Estas ideas claras de los resultados son particularmente necesarias cuando los trabajadores participan en la elaboración de productos y en la prestación de servicios que son entregados a los clientes.

Ausencia de fórmulas de trabajo

La ausencia de fórmulas de trabajo impedirá que los miembros de una empresa realicen sus actividades de forma correcta; esto los alejará del cumplimiento de las expectativas en su trabajo. Esta condición adversa generará frustración para quienes realizan y dirigen las actividades de la empresa:
- Quienes realizan las actividades experimentarán frustración porque su trabajo no es valorado en plenitud.
- Quienes dirigen las actividades experimentarán frustración porque sus expectativas no son cumplidas totalmente.

Cuando se asigna una tarea se asume un entendimiento pleno sobre la forma de realizarla; sin embargo existen diversas alternativas en la ejecución y no todas ellas contemplan los factores que generan los mayores beneficios para la empresa, sus miembros y sus clientes. Estas diferencias en la forma de proceder provocarán operaciones inconsistentes que no se apegarán totalmente a las expectativas.

La forma de alcanzar un resultado es tan importante como el resultado mismo; esto justifica el establecimiento de fórmulas de trabajo y apoyar a los miembros de la empresa en su aplicación. El establecimiento de fórmulas de trabajo debe indicar la forma correcta de generar resultados (incluyendo la elaboración de productos y servicios) obteniendo los mayores beneficios posibles. La aplicación puntual de las fórmulas de trabajo permitirá que se genere todo el valor deseado para la organización, sus miembros y sus clientes; además, los miembros de la empresa encontrarán en las fórmulas de trabajo un recurso que les apoya en sus actividades para alcanzar plenamente las expectativas.

Las fórmulas de trabajo se construyen con actividades, cada una de ellas debe realizarse de forma precisa, cuidando los aspectos que son relevantes para generar los mayores beneficios posibles. Algunos de estos aspectos son:
- El momento adecuado para realizar las actividades y el orden correcto en su secuencia.
- Uso prudente de materias primas apropiadas.
- Empleo adecuado de herramientas.
- Seguimiento de métodos y procedimientos correctos.
- Aplicación oportuna de protocolos.
- Participación de personas pertinentes.
- Medidas de precaución ante riesgos.
- Uso de información relevante.
- Dedicación de tiempo suficiente.

Las actividades contenidas en las fórmulas de trabajo deben incluir las instrucciones correspondientes. Es importante entender que el concepto "instrucciones" proviene de la enseñanza; esto significa que las instrucciones sirven para enseñar a alguien la forma correcta de hacer algo. El éxito de las instrucciones debe contemplar las siguientes condiciones:
- Las instrucciones deben guiar a los trabajadores a través de los pasos para realizar una tarea, de principio a fin.
- Las instrucciones deben incluir los detalles minuciosos que correspondan con la complejidad de las tareas y las habilidades de los trabajadores.

- Las instrucciones deben manejar un lenguaje apropiado para el pleno entendimiento de los trabajadores.
- Las instrucciones pueden recurrir a elementos gráficos y audiovisuales que enriquezcan el entendimiento de su contenido.

La empresa debe realizar un esfuerzo para que las fórmulas de trabajo, los detalles de sus actividades y sus instrucciones sean claros; esta claridad permitirá que los trabajadores las entiendan y las sigan. Los medios para comunicar las fórmulas de trabajo tienen un papel importante en su entendimiento. Algunos medios que usados para fomentar el entendimiento de las fórmulas de trabajo son los siguientes:
- Diagramas de flujo
- Instructivos y manuales
- Simulaciones y representaciones
- Material multimedia

Las fórmulas de trabajo, incluyendo sus instrucciones, son un elemento que debe apoyar a los trabajadores. Este apoyo solo se concreta cuando los trabajadores conocen las fórmulas de trabajo, las entienden y las tienen a su disposición. Las empresas deben tomar medidas para convertir las fórmulas de trabajo en herramientas al servicio de los miembros de la organización; de esta forma se convertirán en un activo útil para alcanzar las expectativas en los resultados (incluidos los productos y servicios).

La ausencia de fórmulas de trabajo claras llevará a los trabajadores a realizar las tareas sin una guía, esto provocará que se cometan errores, omisiones y que exista un alejamiento del cumplimiento pleno de expectativas; como consecuencia los resultados y los beneficios se verán afectados.

Una estrategia para establecer fórmulas de trabajo debe determinar la forma de operar, generando beneficios óptimos para la empresa, sus miembros y clientes; además debe apoyar a los miembros de la organización en la ejecución exitosa de sus actividades. Una estrategia de este tipo puede apoyarse en un Manual de Operación; los manuales consideran puntos como los siguientes:

1. Determinar las tareas que serán parte del Manual de Operación. La organización tiene la libertad de incluir todas las tareas en su Manual o solo aquellas que considere de mayor relevancia. Incluir una menor cantidad de tareas permitirá que la organización concentre mayores recursos en menos objetivos, facilitando la obtención de buenos resultados. La relevancia de las tareas se debe basar en aspectos que tengan un impacto en la organización; por ejemplo:
   - Tareas relacionadas con mayor cantidad de operaciones.
   - Tareas que participan en la elaboración de los productos y servicios más solicitados por los clientes.
   - Tareas que incurren en mayor cantidad de errores e ineficiencias.
   - Tareas que tienen la mayor complejidad en su ejecución.
2. Establecer la fórmula de trabajo para cada una de las tareas incluidas en el Manual de Operación. Cada fórmula definirá con precisión las actividades que incluye, los detalles que se deben cuidar en su realización y las instrucciones que permiten aprender su correcta ejecución. Además cada

fórmula de trabajo incluirá un diagrama de flujo para entender el orden de las actividades en su ejecución, así como material audiovisual que enriquezca su entendimiento.
3. Revisar cada fórmula de trabajo con el personal encargado de realizar la tarea correspondiente. La participación del personal tiene el objetivo de cumplir los siguientes puntos:
   - Alcanzar un mismo entendimiento sobre las fórmulas, aclarando cualquier duda o confusión.
   - Determinar la viabilidad de la aplicación de las fórmulas, tomando medidas para garantizar su permanente aplicación.
4. Realizar adecuaciones en el contenido de las fórmulas de trabajo, sus diagramas de flujo y material audiovisual. Los cambios deben partir de la retroalimentación obtenida de los miembros del personal y estar enfocados en procurar un mejor entendimiento y viabilidad de las fórmulas de trabajo.
5. Publicar el Manual de Operación; todos los trabajadores deben ser informados sobre la existencia del manual de operación y reconocer aquellas fórmulas de trabajo que les corresponde aplicar.
6. Mantener el Manual de Operación como herramienta a disposición del personal. Todos los trabajadores de la empresa contarán con una copia de las fórmulas de trabajo de las tareas que tienen asignadas; de esta forma podrán usarla como referencia permanentemente.
7. Reforzar el conocimiento de las fórmulas de trabajo. Con el lanzamiento del Manual, todo el personal recibirá sesiones de capacitación sobre las fórmulas que corresponden a sus actividades. El personal también recibirá capacitación al cambiar de funciones, ingresar a una nueva posición y cuando transcurran 6 meses de su última capacitación.

8. Revisar el Manual de Operación para garantizar su utilidad. La empresa debe establecer la mecánica para evaluar el funcionamiento del Manual y realizar las adecuaciones necesarias para mejorar su utilidad.

Las fórmulas tienen un propósito sencillo: apoyar a los trabajadores en la forma de realizar sus tareas, fortaleciendo su capacidad para cumplir las expectativas de su trabajo.

Eliminación de obstáculos

Con el paso del tiempo surgen condiciones que obstaculizan la operación deseada de la empresa. Estos obstáculos impiden al personal cumplir con las expectativas de su trabajo y pueden tener orígenes diversos; algunos ejemplos son:
- Conflictos de interés, vicios y malas prácticas.
- Indicaciones y órdenes contradictorias.
- Problemas que fueron contenidos por el personal operativo, pero que no fueron resueltos por los dirigentes.
- Cambios que no fueron gestionados.
- Elementos que perdieron su vigencia o su viabilidad.

Los obstáculos son una condición que surge con cierta regularidad al interior de todas las empresas; esto se debe a diversos factores y situaciones propios de una organización que se encuentra activa y que interactúa con otros. Debido a esto, los dirigentes de la empresa deben realizar actividades dedicadas a identificar y resolver los obstáculos que afectan al personal operativo. La identificación de estos obstáculos puede desarrollarse de distintas maneras:
- Hablando directamente con el personal: Esto implica una comunicación estrecha y con confianza; de esta forma los trabajadores responderán con honestidad al interés genuino de los dirigentes de la organización, comunicándoles cualquier situación que les impida la satisfactoria realización de sus actividades.
- Observando la operación del personal: Presenciar las actividades del personal permite detectar situaciones que los

obstruyen y que les impiden operar de forma óptima. En ocasiones el personal llega a acostumbrarse los obstáculos con los que convive o simplemente no los percibe como tales; sin embargo pueden ser observados por un tercero. La detección de obstáculos mediante observación requiere que los responsables del equipo dediquen algún periodo de tiempo exclusivamente para fijar su mirada atenta sobre las actividades que está realizando el personal.
- Analizando las actividades reportadas por el personal: La información generada por el personal describe las actividades que han realizado y se convierte en una fuente valiosa para entender sus operaciones y descubrir obstáculos que dificultan su trabajo. Es necesario que los líderes de los equipos dediquen tiempo para procesar y entender la información contenida en los reportes; además vale la pena experimentar con diversas herramientas de análisis e invitar a externos que aporten perspectivas diferentes para enriquecer el entendimiento.

Los líderes de la empresa deben tomar decisiones y actuar para que los obstáculos sean removidos. Para cada obstáculo deberán ponderar sus efectos, así como las implicaciones de las opciones de solución; algunas opciones de solución para los diversos obstáculos son los siguientes:
- Establecer o modificar los diseños de productos, servicios.
- Plantear o redefinir las expectativas de los resultados.
- Definir o actualizar las fórmulas de trabajo e instrucciones para las tareas.
- Establecer políticas y lineamientos.
- Aclarar confusiones y puntos que se contraponen.
- Cambiar la infraestructura y recursos de la empresa.

- Capacitar al personal actual o incorporar personal con capacidades superiores.
- Implementar medidas que dificulten la ocurrencia de errores sencillos.

Todas las opciones de solución implican la participación de los líderes de la empresa para tomar decisiones y emprender acciones; esto debido a la necesidad de amplias capacidades y facultades para la eliminación de obstáculos.

La estrategia para eliminar obstáculos debe basarse en una colaboración estrecha entre quienes tienen facultades para implementar cambios y los miembros del personal encargados de la operación; esto permitirá apoyo mutuo para identificar y resolver los escenarios que dificultan el funcionamiento óptimo de la organización. Estrategias de este tipo pueden apoyarse en un Programa de Apoyo Gerencial, considerando los siguientes puntos:

1. Todos los gerentes de la empresa que tienen personal a su cargo deben reunirse con cada uno de los miembros de su equipo; estas reuniones deben realizarse en intervalos de máximo 15 días y en cada una de estas reuniones solo puede participar un miembro de la empresa con su gerente. En estas reuniones el gerente debe preguntar a su personal, acerca de obstáculos que les impidan:
    - Realizar su trabajo cotidiano
    - Seguir las fórmulas de trabajo establecidas
    - Cumplir los diseños de productos y servicios
2. Todos los Gerentes deben llevar un registro de la retroalimentación que obtienen de su personal,

particularmente de los obstáculos señalados en estas sesiones.
3. Cada gerente asume la responsabilidad de emprender acciones para eliminar los obstáculos que les han manifestado sus subordinados. Todos los gerentes se comprometen a solucionar los obstáculos señalados dentro de un plazo máximo de 6 meses.
4. 2 veces al año los resultados de las acciones implementadas por los gerentes se evaluarán de manera cruzada; esto significa que cada gerente evaluará las soluciones implementadas por otro gerente en su respectivo equipo de trabajo.

La remoción de obstáculos tiene como propósito solucionar cualquier alteración indeseada que afecte el trabajo de los miembros de la empresa. Esta remoción difícilmente puede ser realizada por los afectados; por esta razón se requiere la participación activa de los líderes de la organización.

NO CONOZCO LOS RESULTADOS DE MIS TRABAJADORES

Las empresas requieren un entendimiento pleno entre sus miembros; de esta forma el trabajo de todos podrá coordinarse y generar los resultados deseados. El entendimiento al interior de la empresa implica que los dirigentes conozcan el trabajo desarrollado por sus subordinados; sólo de esta forma podrán tomar decisiones acordes con el estado real de la organización y apoyarán sus resultados.

Uno de los grandes retos para el entendimiento al interior de las empresas es la practicidad del medio de comunicación. Esto se debe a que la mayor parte de los trabajadores se encuentran totalmente dedicados a atender sus tareas productivas y cumplir sus responsabilidades; esta dedicación los lleva a perder de vista otras actividades, como la comunicación.

La claridad de los resultados esperados y el establecimiento de fórmulas de trabajo tienen un impacto favorable en la comunicación al interior de la organización; sin embargo, se han identificado

algunos puntos complementarios que las organizaciones pueden desarrollar:
- Seguimiento de la evidencia
- Mecanismos de control visual
- Evaluación de los clientes

Seguimiento de la evidencia

La evidencia es un medio para conocer los resultados de los trabajadores de la empresa. Todos los hechos ocurridos dejan un rastro de su existencia; en el caso de las organizaciones este fenómeno se repite:

- Los hechos son las operaciones que realizan los miembros de la organización.
- Los rastros de las operaciones quedan asentados en evidencias: solicitudes, notas, oficios, minutas, acuses, facturas, registros de checador y demás elementos que demuestran las operaciones realizadas.

Los responsables de los equipos de trabajo tienen la alternativa de recurrir a la evidencia para conocer, de forma objetiva, las actividades realizadas por su personal y los resultados que han obtenido.

Las fórmulas de trabajo establecidas por la empresa son una referencia útil para identificar los puntos donde se genera evidencia importante; debido a la estrecha relación entre las fórmulas de trabajo y el camino que los miembros de la organización deben seguir para conseguir un resultado específico (incluidos productos y servicios).

Todas las fórmulas de trabajo contienen actividades que deben ser realizadas por el personal; cuando cada una de esas actividades es ejecutada, genera evidencia que puede usarse para distinguir el tipo de trabajo que se ha desarrollado. Algunos ejemplos de estas actividades y evidencia son los siguientes:

Actividades	Evidencia
Uso de materias primas	Facturas de compra de insumos y notas de operación de almacén
Empleo de herramientas	Bitácoras de uso de herramientas
Aplicación de métodos, procedimientos y protocolos	Hojas de verificación de actividades realizadas y reportes de actividades
Participación de personas específicas	Minutas firmadas por asistentes, relojes checadores
Uso de información relevante	Comunicados, registros de correspondencia y acuses de recibo
Tiempos asignados	Cronogramas y registros de actividades con horas de inicio y fin

La información generada en la aplicación de las fórmulas de trabajo brindará una referencia clara sobre el funcionamiento de la organización. Esta información puede registrarse y consultarse a partir de activos gestionados por los dirigentes de la organización; esto posibilita un acceso oportuno y completo a ella. Este acceso a la evidencia de la operación generará un par de beneficios para el personal operativo:
- No tendrán que realizar tareas adicionales para informar a sus jefes el estado de sus actividades.
- Podrán mantener su concentración en las actividades productivas.

El seguimiento de la evidencia puede ahorrar tiempo y esfuerzo para el personal operativo en la comunicación de sus actividades; esto se debe a la poca necesidad de su participación en la consolidación y entrega de esta información. Por otro lado, se requiere un amplio acceso a los registros y activos que concentran información, por parte de los responsables de los equipos de trabajo.

La evidencia que se genera en la empresa puede constituir grandes volúmenes de información, lo cual representa un reto. El aprovechamiento de grandes volúmenes de evidencia puede recurrir a recursos informáticos, estos brindarán enormes capacidades de almacenamiento, procesamiento y difusión de información; sin embargo también existen otras alternativas: el análisis visual y los métodos estadísticos.

Análisis visual: Observar una gráfica que refleja los datos resulta más fácil de entender que la observación directa de cada valor. En el siguiente ejemplo una tabla contiene la producción diaria del último mes; por otro lado, una gráfica despliega el promedio semanal de la producción en el mismo periodo de tiempo.

Producción mensual			
1er Semana	2da Semana	3er Semana	4ta semana
223	163	175	150
161	244	240	181
185	207	238	160
197	205	219	172
235	220	215	157

Producción semanal promedio

Método estadístico: Revisar una muestra aleatoria de una población brinda una referencia justa de la población entera; siempre y cuando los elementos de la muestra hayan sido escogidos sin sesgos ni preferencias. Una práctica común para determinar el tamaño de la muestra es usar una cantidad equivalente a la raíz cuadrada de la totalidad de elementos: 10 de 100, 5 de 25, etcétera. En el siguiente ejemplo 10 elementos aleatorios de los 100 registros del mes son usados como muestra aleatoria, las similitudes entre la muestra y la población se demuestran con los valores calculados.

Valores registrados en el último mes									
198	192	180	194	195	170	195	181	161	**166**
198	**152**	189	169	180	166	182	179	195	**199**
151	200	186	**191**	193	195	162	182	169	161
198	**163**	161	159	162	181	165	198	168	151
200	167	184	196	190	179	175	199	192	179
174	186	189	191	**175**	**187**	188	189	200	181
151	181	182	188	179	159	181	**189**	167	198
181	189	187	192	**173**	**165**	163	157	167	198
151	159	165	185	180	174	197	175	152	183
162	166	191	178	180	165	174	174	169	169

Valores calculados	Población	Muestra
promedio	178.54	176
máximo	200	199
mínimo	151	152
Desv. Estandar	14.0	15.0

El seguimiento de evidencia debe ayudar a los líderes de la organización a conocer la realidad de los resultados de forma práctica, sin depender de la comunicación activa por parte del personal operativo.

Una estrategia para realizar el seguimiento de resultados a partir de la evidencia, debe ser selectiva con la información que manejará y contar con mecanismos que permitan el flujo acelerado de la información. Un Programa de Seguimiento de Evidencia puede apoyar este tipo de estrategias; dicho Programa contemplara puntos como los siguientes:
1. Los gerentes de la organización revisarán las fórmulas de trabajo que se aplican en cada uno de sus equipos. Como

resultado de esa revisión, cada gerente definirá la evidencia que requiere para conocer la operación de su personal.
2. El equipo que concentra la información generada en la operación se encargará de distribuir copias de la información solicitada por los gerentes.
3. Es responsabilidad de cada gerente usar la información que tenga a su disposición para conocer el funcionamiento de su equipo de trabajo. Cada gerente tiene la libertad de usar las herramientas de análisis visual y estadísticas que considere oportunas.
4. Los gerentes deberán notificar al equipo de reportes cualquier inconveniente la evidencia recibida; también deberán solicitarle los cambios que consideren necesarios para contar con la información oportuna para conocer los resultados de su personal.

El seguimiento de evidencia tiene el propósito de brindar a los líderes de la organización un conocimiento sobre los hechos y condiciones reales del funcionamiento de la empresa. Para esto, se aprovecha la información que refleja fielmente las operaciones realizadas en la empresa.

Recursos visuales

Los recursos visuales buscan acelerar la comunicación, manifestando hechos a través de elementos que se pueden percibir a simple vista. La vista es un sentido que permite obtener una gran cantidad de información; por esto debe ser aprovechada para conocer aspectos relevantes del estado y operación de la empresa. Usar la vista para la comunicación al interior de la empresa, puede brindar información oportuna sin la necesidad de distraer al personal de sus actividades productivas.

Para realizar una tarea se puede requerir conocimiento de múltiples datos, algunos con detalles bastante específicos; sin embargo, en la dirección de la misma tarea usualmente se necesita información de otra naturaleza. Algunos datos que sirven para dirigir una tarea, son los siguientes:

- El número de operaciones que se están realizando y el tiempo que han pasado en ejecución.
- El número de operaciones que se encuentran en espera de ser realizadas y tiempo que han consumido esperando.
- Los tipos de operaciones que se están realizando y las que están en espera.
- El número de operaciones que han sido concluidas en un intervalo de tiempo establecido.

Datos como los listados permiten conocer el ritmo de funcionamiento de la organización; así como la holgura y saturación que experimenta. Información de esta naturaleza es muy útil para que los dirigentes de la organización puedan intervenir y apoyar a su personal.

La información debe llegar oportunamente a quienes tienen la capacidad de ayudar; por otro lado, aquellos que realizan las actividades productivas deben dedicar la mayor parte de su tiempo a realizar su labor. Esta condición justifica la aplicación de recursos visuales; de esta forma, los elementos usados en la operación mostrarán a los demás el estado del desempeño. Algunos ejemplos son los siguientes:

- Un tablero es aplicado para llevar el orden de las actividades que están realizando; en el tablero colocan una ficha por cada tarea activa. El tablero permite a cualquier persona observar la saturación de trabajo que tiene cada miembro del personal. Adicionalmente se toman las siguientes medidas:
  - Todas las tareas que están en el tablero incluyen la fecha en que fueron iniciadas; de esta forma se puede observar el tiempo transcurrido en su realización.
  - Todas las tareas que se encuentran en el tablero usan fichas con colores; esto permite distinguir el tipo de tareas que se están realizando

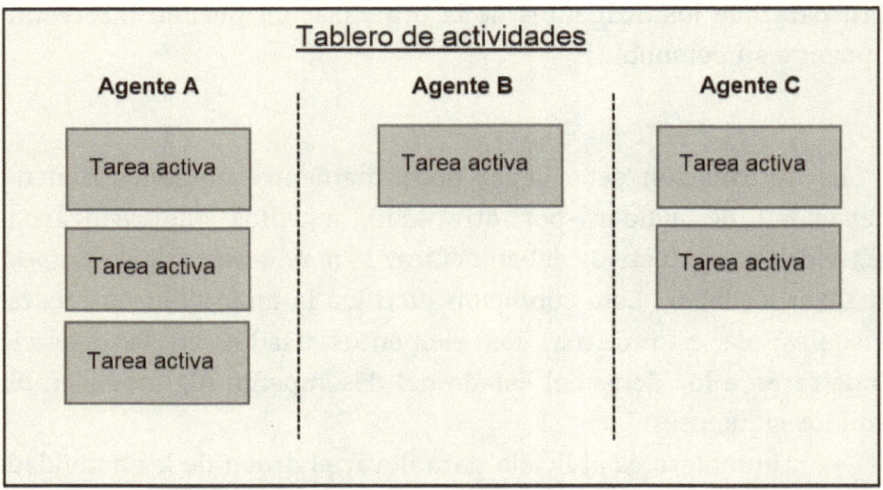

- Un juego de anaqueles es usado para conocer el ritmo de trabajo diario de una oficina. Los anaqueles cuentan con espacios que permiten distinguir las tareas que siguen en espera de ser atendidas y aquellas que ya han sido concluidas. Cada tarea posee una carpeta donde se encuentra su información completa y el orden en que son colocadas permite identificar la secuencia en que llegaron y fueron atendidas. El uso de los anaqueles sigue los siguientes lineamientos:
  - ☐ Las tareas son colocadas en el anaquel "Pendientes", el anaquel cuenta con varias repisas, que permiten una mejor manipulación de las tareas. Cada tarea debe colocarse en una repisa, de abajo hacia arriba, de esta forma las tareas que llegaron primero se encontrarán en la parte inferior y las más recientes en la parte superior.
  - ☐ Los miembros del equipo que realicen una tarea deben tomar la carpeta correspondiente del anaquel "Pendientes", dando preferencia a las carpetas que se

encuentran en la parte inferior; de esta manera las tareas serán atendidas en el mismo orden que llegaron.

☐ Las tareas concluidas serán colocadas en el anaquel "Completados"; cada tarea terminada debe colocarse en una repisa, siguiendo el orden de abajo hacia arriba; de esta manera las primeras tareas concluidas se encontrarán en las repisas inferiores y las terminadas recientemente se ubicarán en las repisas superiores.

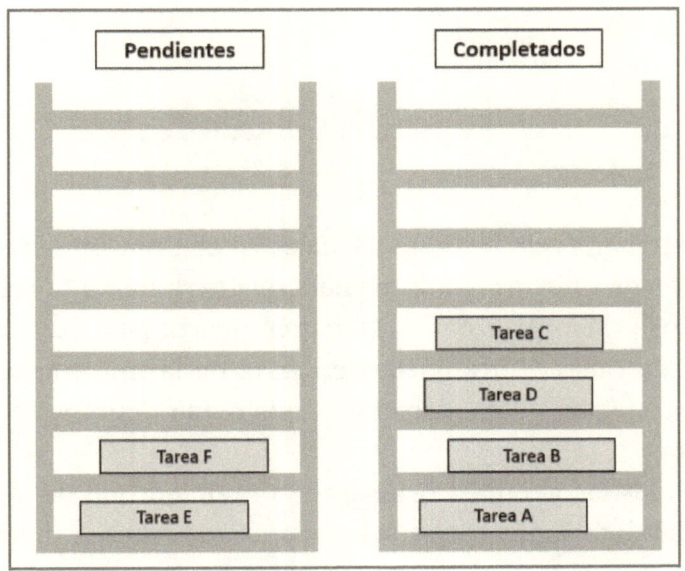

- Un pizarrón contiene anotadas el número de tareas concluidas cada día, durante las últimas 2 semanas; de esta forma se puede observar la tendencia de productividad y tomar medidas al iniciar cada día de actividades.

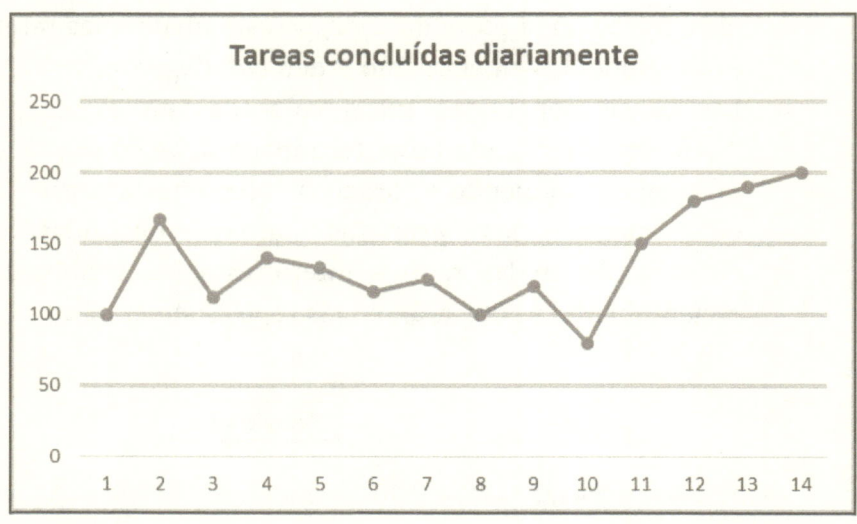

Las estrategias de recursos visuales tienen por objetivo generar referencias de información inmediata que permitan a todos conocer el estado de la operación e intervenir oportunamente. El uso de Tableros de Operaciones puede ser parte de la implementación de estas estrategias; los Tableros consideran puntos como los siguientes:

1. Todos los gerentes realizarán la implantación de un Tablero de Operaciones para sus equipos. Cada gerente trabajará con su personal para determinar el diseño adecuado para su tablero y su forma de uso correcta. Los siguientes detalles deben ser considerados:
   - Determinar las actividades específicas que se manejarán en el tablero
   - Seleccionar la información relevante de cada actividad, incluyendo las condiciones que requieren la intervención de los gerentes

- Diseñar los formatos que contienen las actividades y los espacios de en el tablero
2. Durante el primer mes de implementación, los gerentes y sus equipos de trabajo, realizarán adecuaciones al diseño y forma de uso de sus respectivos tableros.
3. En el segundo mes de implementación se realizarán 2 revisiones cruzadas del funcionamiento de los tableros. En cada revisión un gerente observará el funcionamiento del tablero de otro equipo; verificando que la información contenida sea exacta y que su uso sea entendido por todo el equipo. Al final del mes todos los gerentes entregarán sus comentarios sobre los tableros que revisaron.
4. Será responsabilidad de cada gerente mantener el uso y efectividad de su respectivo tablero. Todos los gerentes tienen la libertad de hacer cambios y adecuaciones para mejorar la precisión y practicidad de sus tableros.

Los Recursos Visuales tiene un propósito muy sencillo: distinguir de forma oportuna (a través de la vista) las situaciones en las cuales se puede brindar apoyo, sin necesidad de que el personal explique la condición que está enfrentando.

Evaluación de los clientes

Los clientes son una fuente adicional de datos sobre las actividades y resultados de los miembros de la empresa. Los clientes pueden brindar información acerca de los resultados que recibieron de los trabajadores, incluyendo los productos y servicios que les fueron entregados. Un mecanismo para obtener esta información es la evaluación de los clientes; la operación de este mecanismo no representa un aumento en la carga de trabajo del personal para reportar sus actividades.

La información que los clientes brindan está basada en su propia experiencia; esto genera una fuerte carga de subjetividad, sin embargo, también aporta perspectivas diferentes que enriquecen el conocimiento de la realidad.

Aun cuando existe una carga subjetiva en la perspectiva de los clientes, algunas condiciones permiten usar su evaluación para conocer los hechos:
- **Frecuencia en una observación** - En un escenario donde varios clientes señalan un mismo punto o coinciden en una idea; esta reiteración generalizada parece indicar un hecho constante que varias personas han podido constatar. Por otro lado, en un escenario donde un punto es señalado por un solo cliente, la ausencia de coincidencias parece indicar una eventualidad aislada. Los hechos constantes y las eventualidades aisladas requerirán un comportamiento

diferente, por parte de la empresa; tal como se muestra en los siguientes ejemplos:
- 35% de los clientes señalan un problema con la puntualidad, por lo tanto se debe atender como un mal funcionamiento contante en la organización y se deben tomar medidas como el establecimiento de políticas o la implantación de mecanismos para ayudar a los trabajadores a llegar a tiempo.
- Uno solo de todos los clientes que han brindado su retroalimentación indica que se le entregó un producto incompleto; por lo tanto, parece tratarse de un incidente aislado que debe resolverse directamente con el único cliente afectado.
- **Preguntas concretas** – Solicitar información sobre aspectos y condiciones específicos pueden conducir a detalles sobre los hechos, alejados de toda subjetividad. Ejemplo: Se preguntó si el producto/servicio fue entregado en la fecha establecida en el contrato original; esta solicitud de información específica obliga al uso de un dato concreto.

La participación de los clientes tiene ventajas como el enriquecimiento del conocimiento de la realidad sin generar una carga adicional para las tareas de los trabajadores. Por otro lado, esta fuente de información también tiene algunas desventajas:
- Está condicionada a la disposición y disponibilidad de los clientes para participar.
- Existe el riesgo de obtener información centrada en asuntos de interés para el cliente, los cuales no tienen relación con la empresa.

- La diversidad en el lenguaje de los clientes y en sus formas de expresión puede dificultar el entendimiento de sus mensajes e ideas.

La evaluación de los clientes es un ejercicio que requiere planeación por parte de la empresa; en esta planeación se deben considerar los siguientes aspectos:

- **La información que se desea obtener** – La empresa debe determinar la información que le resulta de mayor utilidad y que puede recibir de los clientes. Esa información puede ayudar a conocer la realidad de la empresa sobre sus resultados, productos, servicios y su funcionamiento.
- **La explicación de la evaluación para los clientes** – La empresa necesita que sus clientes entiendan el propósito de la evaluación y la utilidad de su participación; de esta forma podrán aportar información valiosa. Este entendimiento parte de la explicación que la empresa brinde a sus clientes.
- **Los mecanismos de aplicación de la evaluación** – La empresa debe establecer los recursos que permitan realizar la evaluación de manera exitosa. Estos mecanismos deben resultar viables y prácticos tanto para la empresa como para sus clientes; de esta forma se generará un flujo de información valiosa entre ellos. Existe una gran variedad de mecanismos, algunos se basan en el contacto en persona; mientras que otros aprovechan internet y telecomunicaciones.
- **El momento de aplicación adecuado** – La empresa necesita identificar los momentos óptimos para realizar la evaluación; de esta manera sus clientes dispondrán de información suficiente y valiosa, además la empresa la recibirá oportunamente.

- **Seguridad y confianza** – La evaluación de los clientes es un ejercicio de expresión; debido a esto, la empresa debe establecer las condiciones que les permitan comunicar todas sus ideas con total honestidad. La información que se la empresa recibe en un ambiente de seguridad y confianza resultará auténticamente valiosa.

Una estrategia para obtener conocimiento, a través de la evaluación de los clientes, debe brindar las condiciones que permitan expresar sus ideas y emitir un juicio propio; además, debe incluir elementos para identificar datos específicos y para aprovechar la riqueza de la información. Este tipo de estrategias puede apoyarse en un Programa de Evaluación de los Clientes; dicho programa considerará puntos similares a los siguientes:

1. Los líderes de los equipos de trabajo se reunirán para diseñar los mecanismos que serán aplicados para obtener retroalimentación de los clientes. La participación de todos los líderes les permitirá obtener información útil para conocer los resultados de sus equipos de trabajo. Los siguientes aspectos deben resolverse como parte de las reuniones de trabajo:
    - La información que se desea obtener de los clientes.
    - El lenguaje de los mecanismos, incluyendo instrucciones y formulación de preguntas.
    - Los medios de aplicación para los mecanismos, considerando vía personal, internet, telefónica e impresa.
    - El momento adecuado para la aplicación de los mecanismos, considerando etapas como: primer contacto, inmediatamente después de la venta y después de transcurrir un año de la venta.

2. Se establecerá a un responsable del mecanismo de evaluación; esta persona realizará las siguientes funciones:
   - Verificar que el mecanismo de evaluación se mantiene disponible para los clientes
   - Monitorear la participación de los clientes en el mecanismo de evaluación
   - Consolidar y mantener segura la información obtenida de los clientes.
   - Enviar a los líderes de los equipos de trabajo la información correspondiente del mecanismo de evaluación.
3. Los líderes de los equipos de trabajo se comprometen a aprovechar la información obtenida con el mecanismo de evaluación para conocer los resultados reales de su personal.
4. Los líderes de los equipos de trabajo se reunirán cada 6 meses para discutir la necesidad de modificaciones en el mecanismo de evaluación; esto con la finalidad de obtener información más valiosa.

La evaluación de los clientes representa una aportación valiosa para conocer las empresas, sus resultados y su funcionamiento. Este recurso enriquece el entendimiento, sin generar cargas adicionales en la operación del personal productivo.

MIS TRABAJADORES DISCUTEN CON MIS CLIENTES

Los trabajadores de las empresas son el primer punto de contacto con los clientes; ellos se encargan de acompañarlos y brindarles soluciones, además responden sus inquietudes y atienden sus incidentes. Sin embargo, existen condiciones que dificultan esta interacción, desembocando en conflictos y discusiones.

Las discusiones entre trabajadores y clientes generan efectos adversos para las empresas. Los clientes perderán aprecio por la organización y buscarán otras alternativas; por otro lado, los trabajadores se sentirán frustrados, disminuirán su desempeño y optarán por nuevas fuentes de empleo más gratificantes. Estas pérdidas de relaciones de negocio y de talento son condiciones que la empresa debe evitar.

Para reducir los riesgos de discusiones, la empresa debe mejorar las condiciones de la interacción entre personal y clientes. Algunos puntos que puede implementar son los siguientes:
- Validación y certidumbre de los clientes

- Manejo de incidentes y canales de comunicación para los clientes

Validación y Certidumbre de los clientes

La información tiene gran importancia para mantener una buena relación con los clientes; solo con ella se alcanza el entendimiento mutuo. El entendimiento, a partir de la información, evita los desacuerdos entre clientes y trabajadores de la empresa. La información de los siguientes elementos es parte importante para el entendimiento:

- Definiciones de resultados esperados, incluyendo diseños de productos y servicios.
- Fórmulas de trabajo
- Evidencia de las operaciones realizadas

Los tres elementos listados permiten compartir una misma idea, acerca de la forma en que debe funcionar la organización y la manera en que se ha comportado en la realidad.

La empresa debe realizar un esfuerzo para compartir con sus clientes, las definiciones de los resultados que espera entregarles; estas definiciones pueden estar asentadas en diversos recursos de información, incluyendo diseños de productos y servicios. Este conocimiento común generará un espacio para que los clientes acepten, de manera informada, aquello que la empresa les entregará; también les dará la capacidad para resolver oportunamente cualquier desacuerdo.

Cuando un cliente recibe un resultado (incluyendo productos y servicios) antes de entenderlo plenamente, se expone a descubrir que la realidad no corresponde con sus expectativas. Las expectativas insatisfechas provocarán que los clientes expresen su decepción de forma directa con el personal que los atiende; incluso estas expresiones pueden ser poco cordiales e injustas. Las expresiones de decepción de los clientes están cargadas con frustración, esto las vuelve susceptibles de desencadenar discusiones y conflictos con el personal.

Cuando los clientes conocen, con antelación, lo que recibirán y expresan su aceptación se alcanza una "Validación". En la Validación los clientes conceden su aprobación sobre algo que conocen; esto permite que la empresa avance en la construcción de una solución, donde sus clientes y trabajadores tienen mutuo acuerdo.

La empresa debe tomar medidas para que sus fórmulas de trabajo también sean objeto de validación por parte de los clientes. En muchas ocasiones la forma de generar un resultado, elaborar un producto o brindar un servicio tiene una importancia crucial para los clientes; debido a esto, es necesario que la organización se esfuerce para brindarles una idea clara de las fórmulas de trabajo que intervendrán en su atención. Los clientes que aceptan informadamente una fórmula de trabajo, tienen mayor entendimiento de todas las implicaciones en los resultados, productos y servicios que recibirán. Por otro lado, la falta de claridad en las fórmulas de trabajo que participan en los resultados (incluidos productos y servicios) que reciben los clientes, puede generar dudas y desencuentros que afecten la relación con la empresa y sus trabajadores. El desconocimiento de los clientes sobre las fórmulas de trabajo también tiene la capacidad de convertirse en insatisfacción, la cual será descargada sobre el personal operativo; todo esto generará conflictos y afectaciones para clientes y trabajadores de la empresa.

La empresa debe contar con elementos que respalden las actividades que realmente se realizaron en la generación de los resultados, productos y servicios que entregó. Este respaldo debe basarse en elementos de información que reflejen los hechos ocurridos, brindando "Certidumbre" sobre la realidad. Estos elementos de información también pueden demostrar la puntual aplicación de las fórmulas de trabajo y comprobar el cumplimiento de los resultados previamente acordados. Algunos elementos que reflejan los hechos ocurridos son: bitácoras de operaciones, minutas, registros de consumo de recursos, expedientes, facturas y notas de compra/venta.

Existe la posibilidad de que los hechos no guarden la fidelidad deseada con aquello que fue previamente establecido y validado. En estos casos la información debe ser usada por la empresa como punto de partida para reconocer el incumplimiento y buscar una solución para los clientes afectados. Este comportamiento responsable demostrará la integridad de la organización, evitando que los incumplimientos se conviertan en conflictos que afecten a clientes y miembros del personal.

A través de la validación y la certidumbre los clientes recibirán información suficiente y alternativas apropiadas para alcanzar un mayor grado de satisfacción. La incapacidad de las empresas para cubrir estos puntos propiciará el riesgo de desacuerdos que pueden escalar hasta convertirse en conflictos entre los miembros de la organización y sus clientes.

Una estrategia para desarrollar la validación y la certidumbre debe empezar por un acuerdo sobre los resultados esperados y las fórmulas de trabajo para conseguirlos. Esta estrategia también debe contar con un flujo de información que permita conocer la realidad, reconociendo los casos donde se alcanza un cumplimiento total de las expectativas y solucionando responsablemente aquellos otros donde no se alcanzó un cumplimiento pleno. Este tipo de estrategias puede apoyarse en Expedientes de Productos y Servicios, los cuales acompañarán a los clientes a lo largo de toda la atención por parte de la empresa; en los expedientes se pueden incluir puntos como los siguientes:

1. Todos los miembros del personal dedicados a la atención de los clientes deben familiarizarse con los diseños de productos y servicios de la empresa; así como con las fórmulas de trabajo correspondientes en su elaboración.
2. El personal debe presentar a los clientes los diseños y fórmulas de trabajo de los productos o servicios que despiertan su interés. Como parte de esta presentación se debe tomar nota sobre cambios solicitados por los clientes o desacuerdos con respecto a los diseños y fórmulas de trabajo.
3. El personal que atendió a los clientes debe presentar al personal de producción las notas de los cambios solicitados por los clientes, así como los desacuerdos que expresaron. El personal de producción debe estudiar las notas y dar una respuesta, determinando los siguientes puntos:

- Los cambios que puede realizar a los diseños y fórmulas de trabajo para satisfacer a los clientes; así como los costos e implicaciones adicionales correspondientes.
- Los cambios que no se pueden realizar y las razones que impiden su implementación.

4. El personal que atiende a los clientes debe contactarlos para dar seguimiento a los cambios solicitados y a las inconformidades que expresaron. En este seguimiento el personal debe presentarles los siguientes puntos:
   - Las nuevas propuestas de diseños y fórmulas de trabajo, las cuales fueron elaboradas por el personal de producción. Esto debe incluir los costos e implicaciones adicionales correspondientes.
   - Los cambios solicitados en diseños y fórmulas de trabajo que no serán realizados, así como las razones para esta negativa.

5. Cuando los clientes expresen su aceptación de los diseños y fórmulas de trabajo para su atención, el personal encargado de atenderlos debe obtener un consentimiento firmado por ellos. Este documento será una prueba de la validación de los productos y servicios; además es un requisito para proceder en su elaboración y es el documento con el cual se inicia el expediente del producto/servicio a entregar.

6. Cada miembro del personal de producción que participe en la elaboración de un producto/servicio debe incluir en el expediente correspondiente los siguientes datos:
   - Las actividades que realizó en la elaboración del producto/servicio.
   - Las fechas y horas correspondientes al inicio y fin de las actividades realizadas.

- Su nombre, como responsable de las actividades realizadas.
7. La entrega final de productos y servicios al cliente incluirá una revisión del expediente correspondiente. En esta revisión los clientes serán acompañados por el personal de la organización para verificar los hechos señalados por la evidencia incluida en el expediente. Esta revisión del expediente es el mecanismo para brindar certidumbre al cliente sobre la elaboración del producto/servicio recibido. En caso de que la evidencia señale hechos inconsistentes con los diseños y fórmulas de trabajo validados, se deberá negociar con el cliente una solución para dicho incidente. Al final de la revisión, el cliente debe firmar una declaración que confirme la información que recibió sobre la elaboración de su producto/servicio; en caso de ser necesario, esta declaración incluirá los acuerdos para solucionar cualquier incidente.

Los esfuerzos de la empresa para obtener la validación de los clientes y brindarles certidumbre tienen dos objetivos concretos:
- Alcanzar un acuerdo sobre los resultados que la empresa debe entregar al cliente.
- Brindar plena seguridad al cliente sobre los resultados que la empresa le entrego en realidad.

Estos esfuerzos encontrarán una gran recompensa al evitar desacuerdos que pueden convertirse en discusiones y conflictos que dañen al personal de la empresa y sus clientes.

Manejo de incidentes y canales de comunicación para los clientes

Todas las empresas se encuentran con situaciones donde los resultados previamente definidos y las fórmulas de trabajo establecidas con antelación no son suficientes para brindar soluciones. Estas situaciones son inusuales y son conocidas como incidentes. Los incidentes que no son resueltos oportunamente pueden crecer hasta convertirse en conflictos que afecten a clientes y miembros de la organización.

Existen diferentes causas para los incidentes; a continuación se listan algunos ejemplos:
- Los clientes tienen una inquietud o una idea nueva.
- Los clientes solicitan un cambio sobre un producto/servicio previamente acordado.
- Los trabajadores encuentran un defecto en las materias primas recibidas.
- Los trabajadores detectan un error en una nota de venta de un producto/servicio.

Como se puede ver en los ejemplos listados los incidentes se presentan directamente con los clientes y los miembros del personal; sin embargo requieren ayuda adicional para poder solucionarlos. Esto se debe a las características inusuales de cada incidente, los cuales requieren capacidades extraordinarias.

Las empresas deben abrir alternativas para solucionar los incidentes. Estas alternativas necesitan basarse en la comunicación y participación de diversos miembros de la organización. Los miembros de la organización participantes deben tener capacidades extraordinarias; a continuación se enlistan algunas de estas capacidades extraordinarias:

- Mayor experiencia o habilidad técnica.
- Conocimiento más amplio sobre el funcionamiento de la empresa.
- Facultades superiores para tomar decisiones y disponer de recursos.

Los incidentes tienen condiciones excepcionales; esto dificulta la posibilidad de establecer una solución única, aplicable en los diversos casos que se presentan. Sin embargo, existen algunas consideraciones que parecen pertinentes en todos los incidentes:

- Apertura para reconocer la presencia de incidentes y brindar ayuda en su solución.
- Disponibilidad para que diversos miembros de la organización se integren en la construcción de una solución.
- Mecanismos para mantener a la vista los incidentes, vigilando su progreso y solución.

La organización debe emprender acciones para manejar incidentes y establecer canales de comunicación; dichas acciones estarán enfocadas en detectar oportunamente los diversos casos que requieren atención especial y acompañarlos hasta una solución. Las soluciones de estos casos requieren una participación activa por parte de los dirigentes de la organización; esto se debe a la necesidad de: perspectivas amplias, habilidades superiores y facultades plenas.

Es importante reconocer que la solución de los incidentes estará condicionada por los beneficios y costos que genere. Estas son condiciones que los responsables de la empresa deben ponderar constantemente. No siempre se puede brindar soluciones ideales para todos, sin embargo, cada caso puede alcanzar un acuerdo sobre soluciones viables que procuren generar beneficios para los involucrados; incluso la honestidad con clientes y trabajadores para reconocer incidentes que no se pueden resolver evitará la pérdida de tiempo y la generación de falsas expectativas. Sólo cuando los líderes de la organización dejan sin apoyo a trabajadores y clientes, los incidentes crecen hasta generar conflictos y discusiones.

A continuación se muestran algunos ejemplos de escenarios donde la desatención puede crecer hasta generar conflictos:
- Un incidente es reconocido por los trabajadores, pero es desestimado por los líderes de la empresa.
- Los clientes manifiestan una inquietud, pero son ignorados por los miembros de la organización.
- Los trabajadores reciben promesas de apoyo para la solución de los incidentes, pero esto no se cumple.
- La empresa se compromete a atender una solicitud especial de un cliente, pero la pierde de vista y termina faltando a su acuerdo.

Una estrategia para manejar incidentes y establecer un canal de comunicación debe asegurar que los diversos casos recibirán la

atención correspondiente hasta llegar a una conclusión. Además, la estrategia implementada debe incorporar la participación de los diferentes miembros de la organización capaces de aportar en la construcción de las soluciones. Una estrategia de este tipo puede apoyarse en un Sistema para la Atención de Incidentes; dicho sistema considerará puntos similares a los siguientes:
1. Establecer un mecanismo para el registro y seguimiento de los incidentes, usando recursos prácticos, útiles y viables para la empresa, sus trabajadores y clientes; algunos ejemplos de recursos son:
   - Línea de atención telefónica
   - Portal de Internet
   - Oficina con sistema de tickets
2. Capacitación para el uso del sistema por parte de los trabajadores. Los trabajadores deben aprender los criterios para identificar incidentes y la forma de registrarlos. Ejemplos de criterios para identificar incidentes:
   - Los resultados solicitados no parecen alcanzables con las fórmulas de trabajo establecidas.
   - Los resultados solicitados no coinciden con los productos y servicios diseñados.
   - Existe una condición que obstaculiza la aplicación de las fórmulas de trabajo.
   - Me solicitan hacer algo para lo que no me considero capacitado o facultado.
3. Los clientes deben ser informados sobre la existencia del sistema para la atención de sus incidentes. La organización debe explicar a los clientes la capacidad del sistema para ayudarles en los casos donde el personal operativo no logre resolver sus dudas y solicitudes.
4. La organización debe asegurar que el sistema se mantenga disponible para trabajadores y clientes de la empresa. De

esta forma todos podrán registrar sus incidentes y solicitar ayuda en el momento que lo necesiten.
5. La responsabilidad del sistema debe ser asignada a una persona específica dentro de la organización; esta persona cumplirá las siguientes funciones:
   - Monitorear el registro de nuevos incidentes.
   - Involucrar a miembros de la organización para que participen en la resolución de los incidentes.
   - Revisar periódicamente todos los incidentes, asegurándose de que los participantes realizan las contribuciones necesarias para su solución y que los afectados están informados de los avances.
   - Notificar a involucrados y participantes sobre la conclusión de los incidentes.

El manejo de incidentes y los canales de comunicación para los clientes tiene el propósito de construir soluciones para los casos inusuales que se presentan en la empresa. Estas soluciones impedirán que surjan conflictos entre el personal y los clientes; sin embargo, requieren la participación activa de los miembros de la organización que tienen mayores capacidades y facultades.

LOS SIGUIENTES PASOS

La resolución de los problemas requiere conocimiento detallado de las condiciones en las que se desarrollan; por otro lado, la ingeniería de la calidad ha identificado algunas condiciones que pueden contribuir en su solución. Todas las estrategias incluidas en este material se basan en las herramientas e ideas desarrolladas en la ingeniería de la calidad.

La ingeniería de la calidad está basada en 4 elementos:
- Entregar valor, mediante productos y servicios que cumplen con las expectativas.
- Ser confiable, con fórmulas de trabajo claras y vigiladas que brindan resultados consistentes.
- Brindar certeza, a través de información que permite conocer la realidad y destacar los hechos relevantes.
- Adaptarse a las necesidades, a través de decisiones y acciones acordes con cambios y nuevas posibilidades.

Los 4 elementos de la Ingeniería de la calidad tienen la capacidad de aportar en la solución de los problemas abordados en este libro:
- La baja efectividad puede ser provocada por una falta de entendimiento de los resultados deseados y las fórmulas de trabajo; así como en obstáculos que surgen con el paso del tiempo.

- El desconocimiento sobre el trabajo realizado puede tener oportunidades de solución en el uso de evidencia, recursos visuales y la evaluación de los clientes.
- Los conflictos que confrontan a trabajadores con clientes pueden ser evitados procurando la validación y certidumbre del cliente, así como manejando oportunamente las situaciones inusuales.

La afinidad entre los 4 elementos de la calidad y la solución de problemas no parece ser exclusiva; esto significa que un elemento de la calidad puede tener un impacto en varios problemas de la empresa, al mismo tiempo que un problema de la empresa puede resolverse con diversos elementos de la calidad.

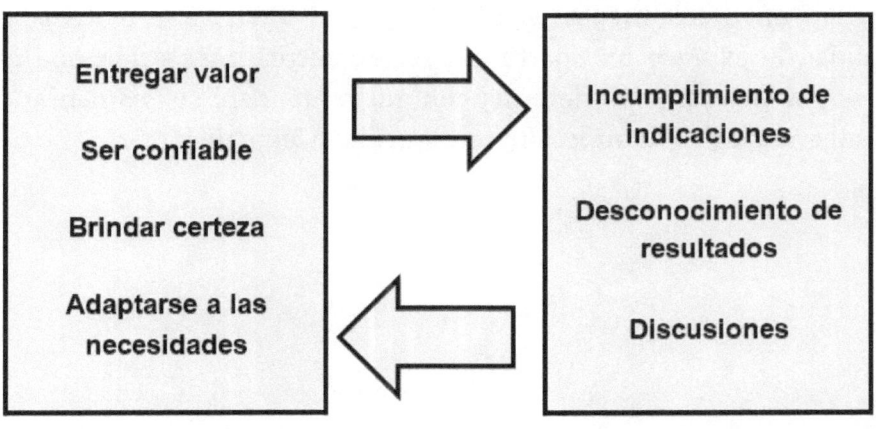

La construcción de soluciones exitosas en las empresas requiere de experimentación y adaptación al cambio; procurando los mejores beneficios para la empresa, sus clientes y sus trabajadores. Esta construcción de soluciones no siempre consigue los resultados ideales, sin embargo, es un camino realista para generar progreso en las organizaciones.

Las estrategias contenidas en este material buscan servir de referencia para la construcción de soluciones; sin embargo, resulta pertinente que su implementación considere modificaciones derivadas del contexto y la realidad de cada organización.

Mantener las condiciones para que su personal genere los mayores beneficios para su organización requerirá de su atención, entendimiento y participación. Deseo que el contenido de este libro le resulte útil para emprender acciones de mejora de su empresa y le invito a continuar su acercamiento al campo de la calidad, en él encontrará herramientas e ideas de gran valor. Por motivos de calidad le expreso mi apertura a recibir retroalimentación que me ayude a mejorar este material; con gusto atenderé sus comentarios y sugerencias en la dirección: lenriquediazh@gmail.com.

www.ingramcontent.com/pod-product-compliance
Lightning Source LLC
Chambersburg PA
CBHW030526220526
45463CB00007B/2731